Homework – Chapter 31
Reading pages: 211 215
Problems: #2, #3, #12, #15, #18,
#22-26   *Due Wednesday

– 2

Example 2
Graph the following.

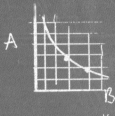

A	B
1	6
2	3
3	2
4	3/2

$A = \frac{K}{B}, \quad K = 6$

$x = x_0 + v_0 t + \frac{1}{2} a t^2$

$x_0 = 3m, \quad v_0 = 4\frac{m}{s}, \quad a = 2\frac{m}{s^2},$
$\qquad t = 2s$

$x = 3m + (4\frac{m}{s})(2s)$
$\qquad + \frac{1}{2}(2\frac{m}{s^2})(2s)^2$

$= 3m + 8m + 4m = \boxed{15\,m}$

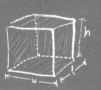

cube
rectangular prism

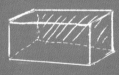

$\rho = mv$
$m = 3kg \qquad v = 4\frac{m}{s}$
$\rho = 12\,\frac{kg \cdot m}{s}$

$F = ma$
$F = (3\,kg)(4\frac{m}{s^2})$
$\qquad = 12\,N$

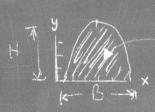

Approximate area $= \frac{2}{3}BH$

Area $= \int_a^b f(x)\,dx$

$6 - 4(-2 - x) = 5$
$6 + 8 + 4x = 5x$
$14 = x$

Area under
the curve

Circumference $= 2\pi r$
area $= \pi r^2$

A) rocket (A) traveling to
the Moon (B) by the
most direct route
through space.

At what time will the rocket
reach the moon?
Departure time: 0600
Speed: 25,000 miles per hour

See p. 216 for additional information.

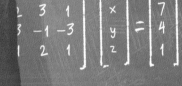

$\begin{bmatrix} & 3 & 1 \\ 3 & -1 & -3 \\ 1 & 2 & 1 \end{bmatrix} \begin{bmatrix} x \\ y \\ z \end{bmatrix} = \begin{bmatrix} 7 \\ 4 \\ 1 \end{bmatrix}$

MATH CLASS
is #
by
Katherine

We love our Teacher!

*P*ARA KATHERINE, SUS HIJAS

Y TODAS LAS PERSONAS QUE OBSERVAN LAS ESTRELLAS.

—H. B.

*P*ARA MADELINE, AUDREY Y SABRINA,

TODO ESTO Y MÁS.

—D. P.

Título original: COUNTING ON KATHERINE
Publicado originalmente por Henry Holt and Company,
un sello editorial de Macmillan Publishing Group, LLC
175 Fifth Avenue, Nueva York, NY 10010 (EEUU)

Texto © Helaine Becker, 2018
Ilustraciones © Dow Phumiruk, 2018
© de la traducción española:
EDITORIAL JUVENTUD, S. A., 2022
Provença, 101 - 08029 Barcelona
info@editorialjuventud.es
www.editorialjuventud.es

Traducción: Raquel Solà Garcia

ISBN 978-84-261-4761-5
DL B 2727-2022
Primera edición: 2022
Núm. de edición de E. J.: 14110
Impreso en España - *Printed in Spain*
Impreso por Gráficas 94

Cuenta con KATHERINE

Traducción de Raquel Solà

Ilustrado por

HELAINE BECKER　　**DOW PHUMIRUK**

JUVENTUD

A Katherine le encantaba contar.

Contaba los escalones
que había hasta la calle.

Los escalones que había hasta la iglesia.

La cantidad de platos y
cucharas que lavaba en el blanco
y reluciente fregadero de su casa.

Lo único que no podía contar eran las estrellas
del firmamento. «¡Solo un loco lo intentaría!», pensaba.
Aun así, las estrellas despertaban su imaginación.
¿Qué había en el espacio exterior?

Katherine ardía en deseos de saberlo todo sobre
los números, sobre el universo, ¡sobre todo!

La curiosidad sin límite de Katherine
la convirtió en una estudiante destacada.
Era tan brillante que adelantó tres cursos.
¡Superó incluso a su hermano mayor!
(Él no se lo tomó demasiado bien).

A los diez años, Katherine ya
estaba preparada para ir al instituto.

Pero, en aquella época, en Estados
Unidos, había segregación racial.

El instituto de su ciudad no admitía
estudiantes afroamericanos, de ninguna edad.

Katherine estaba furiosa.
Lo que más deseaba en el mundo
era seguir estudiando. Había tanto
que aprender.

—Cuenta conmigo
—le dijo su padre.

WHITE SULPHUR SPRINGS, VIRGINIA OCCIDENTAL

Trabajando día y noche, su padre consiguió ganar suficiente
dinero para trasladar a su familia a una ciudad que tuviese
un instituto de alumnos afroamericanos.

INSTITUTO, VIRGINIA OCCIDENTAL

A Katherine le encantaba el instituto. Destacaba en todas las asignaturas, pero las matemáticas seguía siendo su preferida. Soñaba con convertirse en una investigadora matemática, hacer descubrimientos sobre los patrones numéricos que son los fundamentos de nuestro universo.

Sin embargo, en aquella época no había trabajo de investigación matemática para mujeres. Solo podían llegar a ser maestras o enfermeras.

De modo que, cuando terminó la carrera de Matemáticas, Katherine se convirtió en maestra de escuela elemental. Le gustaba su trabajo. Quería a sus alumnos. Pero nunca dejó de soñar en explorar los números.

En la década de 1950, el Comité Asesor Nacional para la Aeronáutica del gobierno de los Estados Unidos (NACA) contrató a miles de nuevos empleados. Incluso empezaron a contratar como matemáticas a mujeres afroamericanas.

The Daily News

Vol 12 27

Hampton, Virginia

Evening Edition

Las mujeres se incorporan al mercado laboral

El Laboratorio Aeronáutico de Langley busca matemáticas

Flight Test Data Analysis

air flow mid-engine

RESEARCH LABORATORY

LABORATORIO AERONÁUTICO
DE LANGLEY, HAMPTON, VIRGINIA

Katherine se enteró de que ofrecían trabajo de matemáticas. La emoción la embargaba: tal vez su sueño por fin podría hacerse realidad.

Pero cuando solicitó uno de los puestos de trabajo le dijeron que ya estaban ocupados. Katherine tuvo que esperar un año entero hasta que convocaron nuevas plazas. Su paciencia obtuvo su recompensa y consiguió el trabajo.

Al cabo de unos pocos años, la Unión Soviética envió una nave al espacio, iniciando la "carrera espacial" con los Estados Unidos. La NACA se integró en una nueva agencia espacial, la NASA (Administración Nacional de la Aeronáutica y el Espacio).

Entonces Katherine entró a formar parte del corazón del programa espacial de los Estados Unidos. Trabajó como "computadora" (aún no era frecuente usar ordenadores electrónicos), y su labor consistía en calcular largas series de números.

Todas las computadoras eran mujeres. Se les daba las tareas que los hombres consideraban aburridas y poco importantes.

A Katherine no le importaba. Sabía que, sin sus contribuciones, una nave espacial no podría alcanzar su destino ni regresar con seguridad a la Tierra.

He aquí el porqué:

Enviar un cohete al espacio es como lanzar un balón al aire. Primero, la fuerza del lanzamiento envía el balón cada vez más arriba. Pero cuando se agota la energía, la trayectoria del balón se curva de nuevo hacia el suelo. El lugar donde aterriza depende del ángulo del lanzamiento, su altura y la velocidad de su vuelo.

Puesto que las matemáticas son un tipo de lenguaje, Katherine podía hacerse estas preguntas usando números: ¿qué altura podría alcanzar la nave espacial y a qué velocidad viajaría? Y los números le proporcionarían la respuesta más importante: ¿dónde aterrizaría?

Para averiguarlo, Katherine trazó en un gráfico las cifras que había calculado. Cuando unió los puntos, estas formaron una línea curva.

En un extremo de la línea dibujaba la Tierra cuando la nave espacial despegaba. En el otro extremo situaba la Tierra cuando la nave aterrizaba.

Katherine era muy valorada por la precisión de sus cálculos y su capacidad de liderazgo (¡era conocida por plantear muchísimas preguntas!), y pasó a formar parte del proyecto Mercury, un nuevo programa diseñado para enviar a los primeros astronautas norteamericanos al espacio.

Las misiones del Mercury iban a ser peligrosas. Tan peligrosas que incluso el principal astronauta del proyecto, John Glenn, no quería volar hasta que Katherine aprobase los cálculos.

—Cuenta conmigo —dijo ella.

La nave espacial de Glenn, *Friendship 7,* orbitó la Tierra tres veces y regresó a casa a salvo. Glenn se convirtió en un héroe nacional.

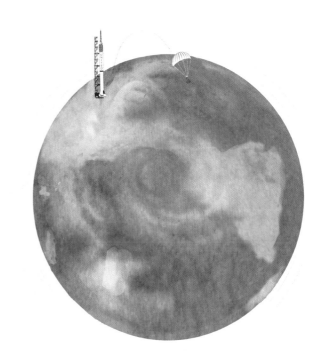

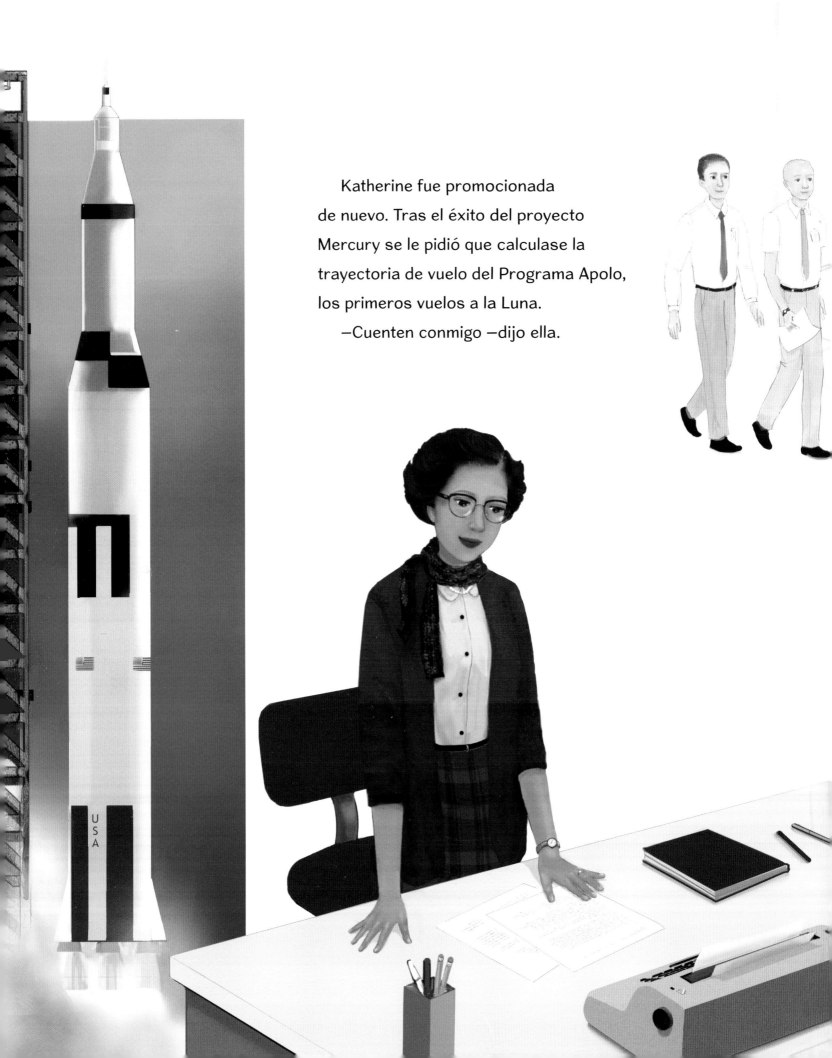

Katherine fue promocionada
de nuevo. Tras el éxito del proyecto
Mercury se le pidió que calculase la
trayectoria de vuelo del Programa Apolo,
los primeros vuelos a la Luna.

—Cuenten conmigo —dijo ella.

El 20 de julio de 1969,
los astronautas del *Apolo 11*
pusieron el pie en la Luna.
Su hazaña se celebró en todo
el mundo.

Siguieron más triunfos. El *Apolo 12*
fue lanzado a la Luna en noviembre de 1969.

El *Apolo 13* fue lanzado el 11 de abril de 1970.
Pero el tercer día de vuelo del *Apolo 13*
sucedió lo peor que podía ocurrir: ¡una
explosión en el interior de la nave!

¿Podría llegar a la Luna la nave averiada? ¿Y si no podía, podría regresar a la Tierra? Los tres astronautas de a bordo se encontraban en grave peligro.

El comandante Jim Lovell comunicó a Control de Misión: «Houston, tenemos un problema».

En la Tierra, Katherine Johnson recibió una llamada telefónica. Los cálculos para trazar la trayectoria de vuelo tenían que rehacerse y además perfectamente. Era el mayor reto al que se enfrentaría en su vida.

Katherine dijo a Control de Misión: «Cuenten conmigo».

Se arremangó, inspiró profundamente y empezó a realizar sus cálculos matemáticos.

Trabajó duramente y con rapidez. Unas pocas horas después, Katherine terminó sus cálculos. La trayectoria de vuelo para regresar a casa conduciría a la nave hasta el lado más alejado de la Luna. Desde ahí, la gravedad de la Luna actuaría como una honda e impulsaría la nave de nuevo a la Tierra. Para llegar a casa, la tripulación del *Apolo 13* tuvo que seguir exactamente el rumbo marcado por Katherine, quemando combustible a intervalos precisos.

Si los astronautas cometían algún fallo, su nave iría a la deriva por el espacio para siempre.

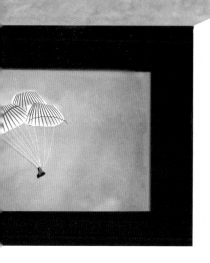

Katherine esperó ansiosamente escuchar el informe de los astronautas. Finalmente, una voz crepitó por los altavoces.

«¡LO HEMOS CONSEGUIDO!».

El *Apolo 13* había recuperado el rumbo.

Katherine Johnson lo había conseguido.
Había logrado traer al *Apolo 13* a casa.
Ya no era la niña que soñaba en descubrir
qué había más allá de las estrellas. Ahora ella
era una estrella.

ACERCA DE KATHERINE

Júpiter

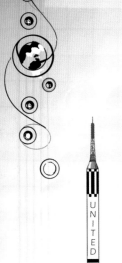

Cohete Mercury

Marte

Nave Apolo

𝒦atherine Johnson nació el 26 de agosto de 1918, en White Sulphur Springs, West Virginia. Su madre era maestra. Katherine asumió que cuando creciese también sería maestra. Desde muy temprana edad todos tuvieron muy claro que Katherine era extremadamente inteligente. Cuando empezó a asistir a la escuela primaria entró directamente en segundo curso. Después la adelantaron a quinto curso.

Katherine se graduó en el instituto a los catorce años, y en la Universidad Estatal de Virginia Occidental a los dieciocho. Su primer trabajo fue de profesora de matemáticas en Marion, Virginia. Le encantaba enseñar a sus alumnos y les animaba a aprender unos de otros. «Hacía que cada alumno encontrase un compañero y se ayudasen entre sí».

En 1953, Katherine consiguió trabajo de "computadora" en el Langley Aeronautical Laboratory for the National Advisory Commitee for Aeronautics (más adelante la NASA). Para combatir el sexismo allí arraigado, tuvo que desarrollar mucho más que sus capacidades matemáticas. «En aquella época, tuvimos que ser mujeres asertivas y agresivas». A pesar de sus capacidades, a Katherine no se le permitía asistir a las reuniones informativas del equipo de investigación formadas exclusivamente por hombres.

«Finalmente se cansaron de responder a todas mis preguntas y me dejaron participar».

Estimulados por la competencia con la Unión Soviética, los Estados Unidos se lanzaron a su propio programa espacial en 1958 y Katherine se convirtió en técnica aeroespacial cuando su equipo se unió a la NASA. A finales de la década de 1960, estima la NASA, trabajaban allí más de 400.000 personas para enviar un hombre a la Luna.

Katherine cuenta: «La sola idea de ir al espacio era nueva y desafiante. No había manuales, tuvimos que escribirlos nosotros. Escribimos el primer manual a mano».

Katherine hizo sus cálculos en máquinas tabuladoras mecánicas. En 1961, las computadoras electrónicas ya se usaban de forma más generalizada. Pero muchos, inclusive John Glenn, no confiaban en los cálculos generados por las máquinas. «¡Llamad a Katherine! —recuerda ella que el astronauta decía—. ¡Si ella dice que el cálculo está bien, entonces lo aceptaré!».

Tierra

Luna

Cápsula

Saturno

Urano

Su función, sin embargo, no se limitaba a realizar cálculos numéricos, sino que utilizaba en gran medida su intuición. Katherine dejó volar libremente su imaginación y desarrolló un sistema clave de navegación *backup* que utilizaba las estrellas como puntos de referencia.

Las contribuciones de Katherine fueron cruciales para el programa espacial de los Estados Unidos. Calculó la trayectoria para el primer vuelo al espacio de Alan Shepard y trazó las trayectorias para las cápsulas espaciales y los módulos de aterrizaje lunar. Fue coautora de veintiséis artículos científicos, entre ellos un informe pionero sobre los fundamentos teóricos de los vuelos espaciales. A lo largo de su carrera trabajó en el transbordador espacial y en un proyecto de satélite de búsqueda global de minerales subterráneos y otros recursos naturales del espacio.

A pesar de sus numerosos logros, a Katherine nunca le gustó atribuirse ningún mérito. ¿Sus motivos? «Porque siempre hemos trabajado como un equipo —decía—. Nunca fue un trabajo individual».

Neptuno

FUENTES

Goodman, John L. *Apollo 13 Guidance, Navigation, and Control Challenges*. American Institute of Aeronautics y Astronautics Conference & Exposition. Pasadena, CA: Sept. 14-17, 2009.

Johnson, Katherine. Entrevista personal. 13 de enero de 2015.

The Makers Project, makers.com/katherine-g-johnson.

NASA. *Apollo 13 Air-to-Ground Voice Transcription*. Houston: abril de 1970.

NASA, nasa.gov. (véase «Katherine Johnson: A Lifetime of STEM», 6 de nov., 2013; «From Computers to Leaders: Women at NASA Langley», 27 de marzo de 2014; «NASA Langley Research Center's Contributions to the Apollo Program»).

NASA Cultural Resources (CRGIS), crgis.ndc.nasa.gov/historic/Katherine_Johnson and crgis.ndc.nasa.gov/historic/ Human_Computers.

Strickland, Zack. «Crew Brings Apollo 12 Mission to Safe Ending». *Aviation Week & Space Technology*, 20 de abril de 1970: 14–18.

The Visionary Project, visionaryproject.org/johnsonkatherine/.

Warren, Wini. *Black Women Scientists in the United States*. Bloomington, IN: Indiana University Press, 1999.

WHRO-TV. «What Matters — Katherine Johnson: NASA Pioneer and "Computer"». Clip de vídeo online. YouTube. Publicado el 25 de febrero de 2011.

Sol

Mercurio

Friendship 7

Venus

Today's Date: August 26
Today's birthday: Katherine

Lesson 23 – 29

① Expand $(2x-4)^5$

$= (2x)^5 + 5(2x)^4(-4)^1$
$+ 10(2x)^3(-4)^2 + 10(2x)^2(-4)^3$
$+ 5(2x)^1(-4)^4 + (-4)^5$

$= 32x^5 - 320x^4 + 1280x^3$
$- 2560x^2 + 2560x - 1024$

② $x^2 + 6x + 9, x = 3$

$3^2 + 6(3) + 9$

$9 + 18 + 9 = 36$ ←

③
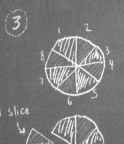
I slice

Mrs. K brings 3 pies to the school picnic. Each pie is divided into 8 slices. There are 19 children from her class attending the picnic. How many slices are left if each child has one slice of pie?

$8 \times 3 = 24$ slices
$24 - 19 = 5$

Remainder = 5 slices.

④ $\sum\limits_{k=0}^{3}(7-3k)$

$\sum\limits_{k=0}^{3}(7-3k) = \underset{k=0}{(7-3(0))} +$

$\underset{k=1}{(7-3(1))} + \underset{k=2}{(7-3(2))} + \underset{k=3}{(7-3(3))}$

$= 7 + 4 + 1 - 2 = 10$

⑤ $-4(-2-x) = 5x+6$

$8 + 4x = 5x + 6$
$2 + 4x = 5x$
$2 = x$

⑥
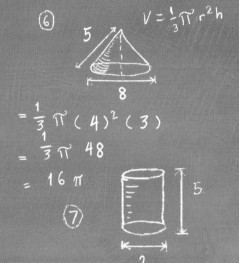
$V = \frac{1}{3}\pi r^2 h$

$= \frac{1}{3}\pi(4)^2(3)$
$= \frac{1}{3}\pi \, 48$
$= 16\pi$

⑦
5

2

$V = \pi r^2 h$
$= \pi(1)(5)$
$= 5\pi$

⑧ $x^2 = 5x - 4$
$x^2 - 5x + 4 = 0$
$(x-1)(x-4) = 0$
$x = 1$ or 4

⑨ $(5x^2 + 4x - 6)$
$- (3x^2 - x + 2)$
$= 5x^2 + 4x - 6 - 3x^2 +$
$= (5x^2 - 3x^2) +$
$(4x + x) + (-6 -$
$= 2x^2 + 5x - 8$

Review

Example 1

$4x^6(3x^2 + x - 1) =$

$4x^6(3x^2) + 4x^6(x)$
$- 4x^6(1)$
$= 12x^8 + 4x^7 - 4x^6$

Find the volume of an ice cream cone:

$r = 2$
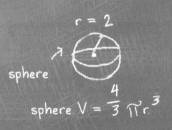
sphere

sphere $V = \frac{4}{3}\pi r^3$

cone

4

cone $V = \frac{1}{3}\pi r^2 h$